Inhalt

Wie konnte ich die Aufgaben im Kapitel lösen?

Aufgaben im Kapitel:	ohne Mühe	mit etwas Mühe	mit viel Mühe
In der Schule			
Im Herbst			
Miteinander leben			
Im Winter			
Das tut mir gut			
Im Frühling			
Mit Tieren leben			
Wir lernen Räume kennen			
Zeit und Medien			
Im Sommer			

Eigenes Arbeitsverhalten reflektieren und einschätzen: Innerhalb der Kapitel nach jeder Aufgabe Kreis ausmalen,
mit wie viel Mühe/Anstrengung die Aufgabe verbunden war (unabhängig von Richtigkeit, Sorgfalt o. ä.). Am Kapitelende
jede bewertete Aufgabe mit einem Strich bei der entsprechenden Farbe auf Seite 2 in die Übersicht eintragen; darüber sprechen

In der Schule

1 Name:

2

Zur Arbeit mit dem Bild: Den Raum beschreiben, dabei Gesamteindruck und markante Einzelheiten erfassen (Sternenkarte, Plakate, eigene Arbeiten, Arbeitsmaterial …); das Arbeitsverhalten der Kinder einschätzen; Links- und Rechtshändigkeit entdecken; den eigenen Namen schreiben; malen: sich selbst, die Schultüte und die Federtasche

S. 2

3

Im Klassenzimmer

  1   2   3

Das Bild betrachten, den Raum beschreiben; über die Tätigkeiten der Kinder sprechen: schreiben, lesen, betrachten, messen, zeichnen, mit dem Computer arbeiten; Arbeitsmittel benennen; gemeinsames und individuelles Lernen erkennen; die Detailbilder finden, die Ziffern zuordnen und aufschreiben

3 Alle helfen.

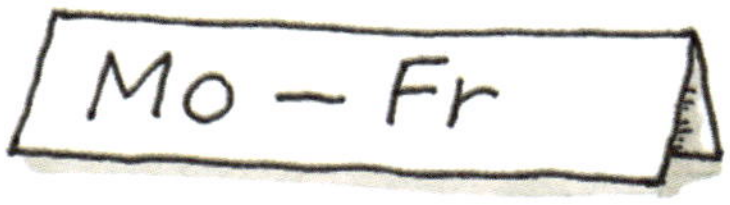

Mo – Fr

Name

4 Wer hilft?

Die Bilder betrachten, Klassendienste benennen und besprechen; ästhetisches Empfinden für eine ansprechende Lernumgebung wecken; über Rechte und Pflichten in der Klasse und Schule sprechen; Kinder für Dienste während einer Woche benennen und so ihre Verantwortung für Räume wecken, ihre Vornamen eintragen

5

Du mit mir – ich mit dir

  oder .

Die Bilder betrachten, Formen des Zusammenlebens vergleichend beschreiben, rücksichtsvolles Verhalten/Fehlverhalten erkennen: nicht handgreiflich werden, den Raum sauber halten, einander trösten, sich melden, Ordnung am Arbeitsplatz halten, zuhören, einander helfen, nicht zanken, nicht abschreiben; Streitsituationen und konstruktive Lösungen besprechen

3 Male aus.

KLASSENREGELN

Psst!

Danke.

4 Nenne Regeln.

Seite 61

Die Bilder betrachten, Regeln für das Verhalten in einer Gruppe besprechen, malen: sich melden, zuhören, beim Arbeiten leise sein, höflich sein; Puzzleteile ausschneiden, zuordnen und kleben; Regeln auf dem Schulhof benennen: ungefährliche Spiele spielen, Streit vermeiden, auf andere Rücksicht nehmen, Beete pflegen, nicht in ihnen herumlaufen

Pass gut auf!

1

2 ( ) im Bild oben ein:

Das Bild betrachten, Verkehrsregeln beschreiben und beachten; Gefahren beim Spielen in der Nähe einer Straße
und bei ihrem Überqueren erkennen; das Verhalten der Rad fahrenden Kinder kritisch beurteilen; über Eigenverantwortung
jedes Verkehrsteilnehmers sprechen; Verkehrszeichen, optische und akustische Signale finden, benennen, im Bild umkreisen

3 Oooo, das ist … Finde die Namen.

4 Guter Rat an die Kinder:

L_____ , L_____ und E_____ ,

mit Ball und Rollbrett zum _____ .

5 Was nun?

MERKE DIR!

1    2    3

Gehe erst auf die Straße, wenn kein Auto kommt.

Die Bilder betrachten, das Verhalten der Kinder als gefährlich erkennen, im Bild S. 8 die Namen dieser Kinder finden,
aufschreiben; den Rat zur Verkehrssicherheit mit den Namen der Kinder ergänzen und einprägen;
aus der Bildfolge das sichere Überqueren einer einfachen Fahrbahn erkennen, den Merksatz einprägen

9

Unser Fest

Bearbeite Seite 2.

1

Wir feiern.
Klebe  ein.

Seite 61

Seite 61

Seite 61

Seite 61

Seite 61

2 Finde die 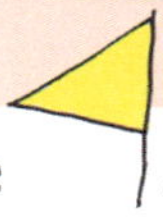 .

Male:
Die   werfen …

3 Plant auch ein Fest.

Das Bild betrachten, besprechen und die fehlenden Bildausschnitte ausschneiden, richtig zuordnen und aufkleben; Gemeinschaftsspiele entdecken, die gelbe Fahne im Bild finden und die Murmeln aus dem Murmelspiel malen; Merkmale von Festen (Bräuche und Traditionen) besprechen und als kulturelle Ausdrucksformen begreifen; selbst ein Fest planen

S. 2, 4, 5

Im Herbst

1  Sammelt  und  .

2 Male ein  .

Zur Arbeit mit dem Bild: Laubfärbung und Blätterfall beschreiben, die Veränderungen von Bäumen im Jahr als Naturphänome erschließen; Illustrationen betrachten und die Vielfalt der Blätter und Früchte in Form und Farbe erfassen; Blätter und Früchte sammeln, ordnen und benennen; nach einem originalen Laubblatt dieses möglichst form- und farbgetreu malen

S. 2, 3

11

Im Park

  im Bild oben ein:

sind an der

sind im

ist im

ist im

Amsel ist im

Den Biotop Park im Bild betrachten und beschreiben; im Bild Bildteile mit Tieren wiederfinden und einkreisen; die Aufenthaltsorte der Tiere benennen, vermuten, warum sie sich gern dort aufhalten (finden Nahrung, Unterkunft, Partner); ausgewählte Tiere ausmalen, benennen

S. 2

4

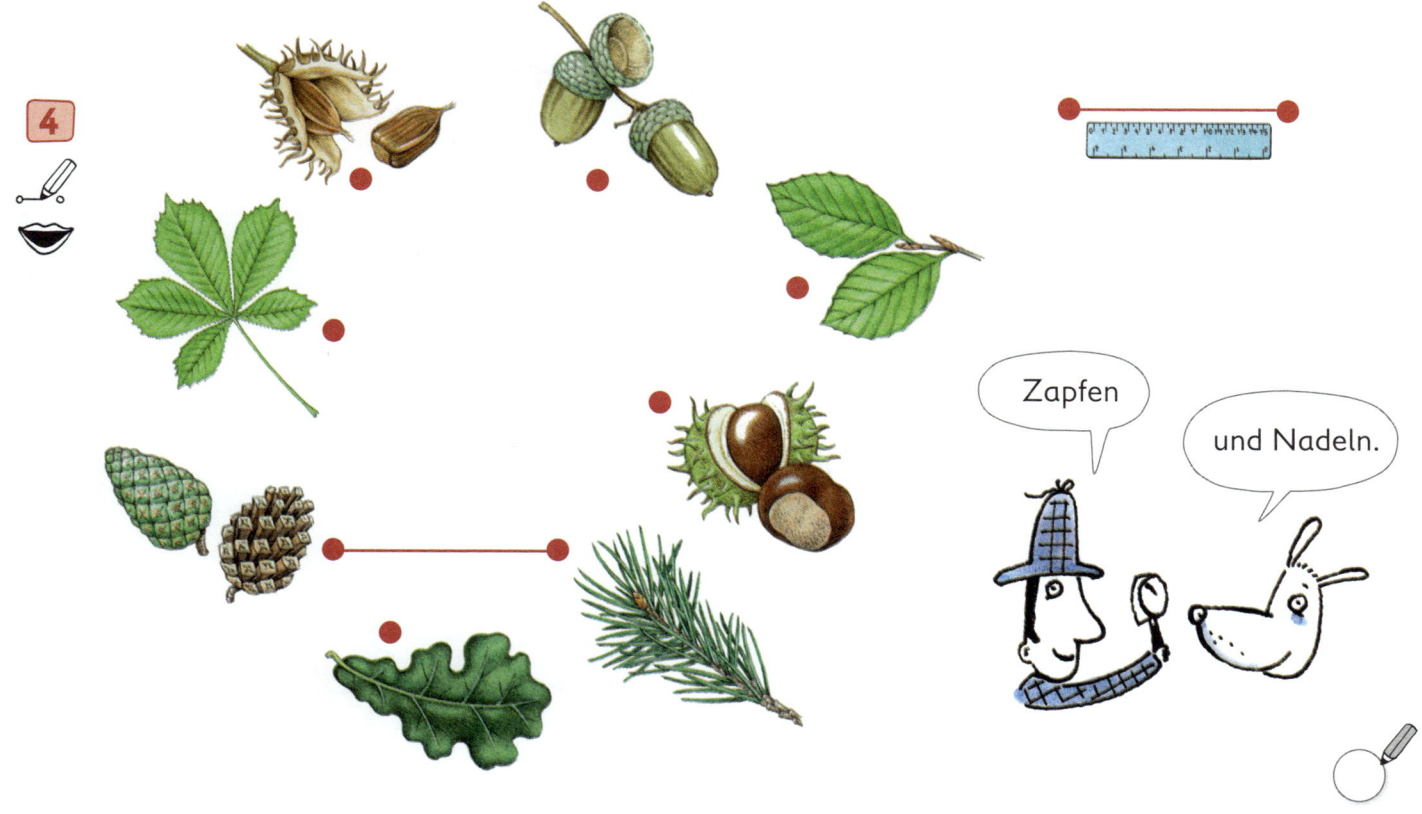

Zapfen

und Nadeln.

5 ## Die Kastanie

Seite 61		Seite 61	

Blätter und Früchte betrachten, Merkmale benennen; Blätter mit Früchten verbinden: Buchenblatt – Fruchthülle mit
Samen (Buchecker), Eichenblatt – Becher mit Samen (Eicheln), Kastanienblatt – Fruchthülle mit Samen (Kastanien),
Kiefernadeln – Zapfen mit Samen; Kastanie: Fotos aufkleben, malen; Formen und Farben einprägen

S. 2, 3, 4, 5, 6

13

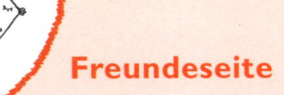

Früchte im Herbst

Bearbeite Seite 2.

1

Mmm! ☺ oder Oooo! ☹

2

Frucht	Form	Farbe
Apfel		
Birne		

3

Im ___ sind ___   Das sind Samen.

✂ Seite 61

In der ___ ist ein ___

✂ Seite 61

Die Bilder betrachten, die Früchte probieren, ihren Geschmack kennzeichnen, so den Geschmackssinn erproben und beschreiben; Apfel und Birne in Form und Farbe in der Tabelle wiedergeben; Apfel und Pflaume durchschneiden, untersuchen, Kerne und Stein einzeichnen, Begriffe ausschneiden, zuordnen und aufkleben

 S. 2, 4, 5, 6, 7, 16

Miteinander leben

1 Tim, Mona und die anderen wollen ...

2   Und was tun alle zusammen?

...!

Zur Arbeit mit dem Bild: Das Bild beschreiben: Spielplatzsituation, bemalte Wand, gefliestes Sitzelement ...;
Namen der Kinder lesen und ihre Beschäftigungswünsche anhand der Symbole benennen;
die gewünschten Beschäftigungen ankreuzen; Ideen finden, was alle zusammen tun könnten, dazu malen

Ich wünsche mir und dir

2 Kreise oben ein:

 Mit  : ⬤.   Ohne  : ⬤.

3 Das wünsche ich mir …

S. 2, 6

Die Abbildungen betrachten, die einzelnen Wünsche der Kinder besprechen; rot einkreisen: Dinge, die man kaufen kann, grün einkreisen: Dinge, die man nicht kaufen kann, dabei über Kriterien für Konsumentscheidungen sprechen (Umgang mit Geld); sich mit eigenen Konsumbedürfnissen auseinander setzen, malen, was man sich selbst wünscht

4 Das wünsche ich ▸

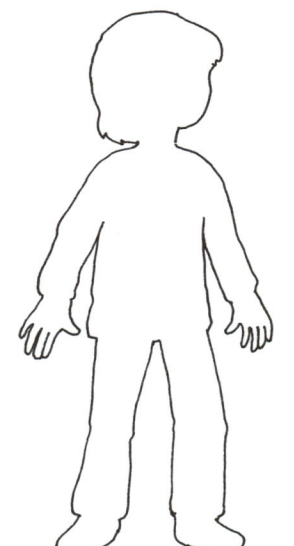

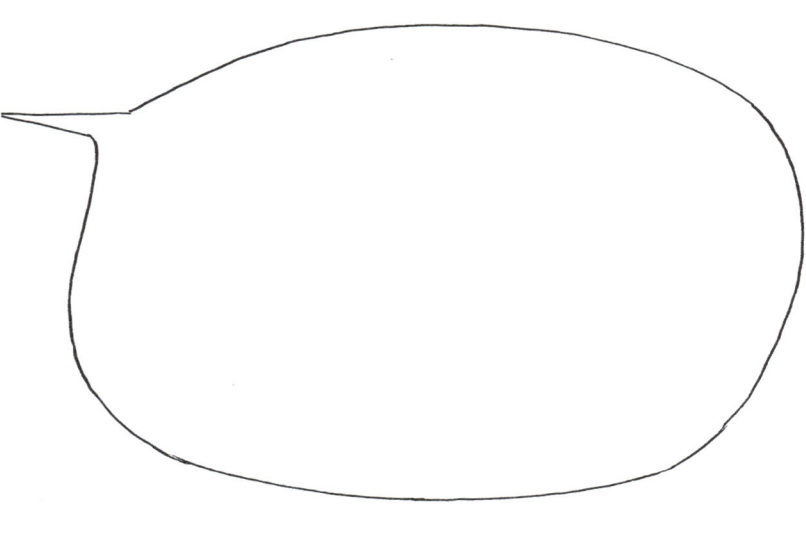

5 Ordne ein. Male oder schreibe.

Mit  :

Ohne  :

Besprechen und aufmalen, was man einer bestimmten Person wünscht (Mutter, Vater, Schwester, Oma, einem Freund ...); die Abbildungen betrachten und erkennen, was man kaufen kann und was nicht, in das entsprechende Feld einordnen, aufschreiben oder malen

 **S. 2, 3, 6**

17

Wir kaufen ein

1 Was sollen Mia  und Tom  einkaufen?

Einkaufszettel

1 (Brot)
6 (Eier)
3 (Paprika)
5 (Tomaten)

1 (Gurke)
1 Kräuter-Quark
3 Mineralwasser
1 Butter

Und für mich?

2 Was soll in den ? Male an.

Planen und Realisieren eines Einkaufs: den Einkaufszettel besprechen, die verschiedenen Lebensmittel und deren Anzahl benennen, über den Einkaufszettel als Merkzettel sprechen; den Einkaufszettel und den Inhalt des Korbes vergleichen, erkennen und ausmalen, was laut Einkaufszettel in den Korb gehört

 S. 2, 6, 9

3 Ist das im ? X

4 Am Abend: Was sagen Mia, Tom, Papa und Mama?

5 Gut einkaufen – Was meint deine Familie?

frisch
teuer
gesund
im Supermarkt
auf dem Wochenmarkt
von hier oder
aus anderen Ländern

Wörter nachspuren, ankreuzen, was davon im Einkaufskorb ist; das Bild betrachten: Welche eingekauften Lebensmittel gibt es zum Abendessen?, Was gibt es zu trinken?, Welche Lebensmittel liegen auf dem kleinen Tisch?, erkennen, dass diese nicht auf dem Einkaufszettel stehen; Gesundheitswert besprechen; Entscheidungen zum guten Einkaufen treffen: frisch, teuer …

 S.6

19

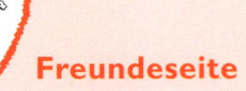

Freundeseite

Bearbeite Seite 2.

Wünsche

1 Lea will auf den . Male den Weg.

2 Ich frage ▸_____ aus der Klasse:

Was wünschst du dir?

▸1 _____

▸2 _____

▸3 _____

3 Bastelt ein Plakat.

Kinder haben Wünsche

Leas Weg durch das Labyrinth zum Turm einzeichnen; ein Partnerkind nach drei Wünschen fragen und diese aufschreiben; in Gruppenarbeit einen Plakat zu Kinderwünschen gestalten: forschen, malen und aufschreiben, was Kinder sich wünschen könnten

S. 2, 6, 9

Im Winter

 Wie ist der Winter?

 Im Winter ist es auch

dunkel   glatt   neblig

 Ich passe im Winter gut auf.

 Und wie?

Zur Arbeit mit dem Bild: Die Schönheit der Winterlandschaft beschreiben: Stille, tiefer Sonnenstand, kahle Bäume, Schnee; die Tageszeit vermuten; über die winterliche Jahreszeit erzählen, Gefahren im Winter benennen: Dunkelheit, Glätte, Rutschgefahr; Vorsichtsmaßnahmen diskutieren

 S. 6

21

Winterwetter – Winterspiele

2 Male 😊 oder ☹️.

Das große Bild betrachten, über die Aktivitäten der Kinder erzählen, dabei Gefahrensituationen erkennen, benennen und andere Lösungen suchen; positives und negatives Verhalten gegenüberstellen und erläutern (Eislaufen auf den dafür vorgesehenen Flächen, nicht auf Gehwegen schlittern)

S. 6

3 Das sind Wetterzeichen.

5°C

4°C -7°C

Toller Regen!

Male Zeichen unter die Bilder.

4 Temperaturen in der Wetterkarte:

4 Grad Celsius

▸ °C

Minus 7 Grad Celsius

▸ °C

Temperatur am _____ Grad Celsius

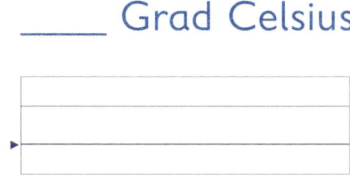

▸

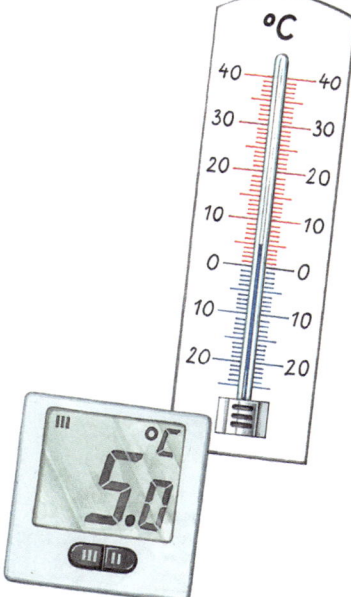

Die Wetterzeichen beschreiben, deuten, auf der Wetterkarte wiedererkennen; die Fotos betrachten, das Wetter einschätzen und entsprechende Wetterzeichen einzeichnen; Temperaturangaben von der Wetterkarte ablesen und eintragen; die Angaben auf dem Thermometer erkennen, notieren, dabei auf eigene Erfahrungen zurückgreifen

S. 2, 6

23

Vögel im Winter

1 Beobachtet  am .

2 Namen:

Am

Sperling

Blaumeise

Kohl

3

MERKE DIR!

Kohlmeise

Blaumeise

Vögel genau beobachten und an Körperform und Gefieder erkennen; ihre Namen notieren, über Winterfutter für Vögel sprechen: z.B. Meisenknödel (Getreideflocken, Sonnenblumenkerne, Erdnüsse, Fett, Mineralstoffe); die Meise ausmalen, dabei typische Merkmale der Meisen (Farbe der Kopffedern) beachten und einprägen

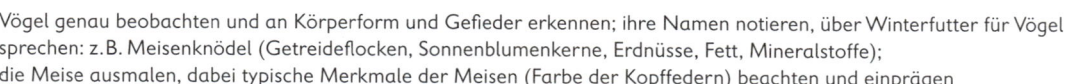

S. 2, 6, 8

4 Wo sind die  ?

 sind am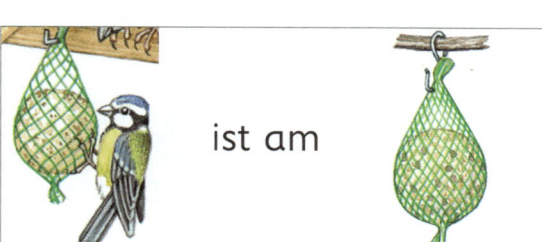

 sind im

ist am

 ist

5 Beobachte Amseln im Winter.
 Male an.
Schreibe.

Schnabel: ☐   Federn: ☐

Futter: Nuss, Apfel,

Beeren, Samen

Sie

6 Woran erkennst du  ?

Den Aufenthaltsort der Vögel benennen (Begriffe nutzen: Meisenring, im/auf dem Futterhaus, Meisenknödel); Steckbrief zur Amsel ausfüllen: Schnabel- und Federfarbe ausmalen, Futter benennen und nachspuren; besprechen, woran man Vögel erkennt (Gefieder, Größe …); so das Verhalten von Vögeln im Winter beobachten, dokumentieren und auswerten

 S. 2, 6, 8

25

Bearbeite
Seite 2.

Winter

1 Beobachte.

 Teller mit Eis

Mal so, mal so. Warum?

2 Die Temperatur heute:

Das habe ich an:

Das ist 🙂 ☐   ☹ ☐

3  Ein Versuch:

Malt an.   Schneidet aus. Seite 63   Malt an.

Klebt ein.   Legt eine Decke darüber.   Leuchtet mit einer hinein.

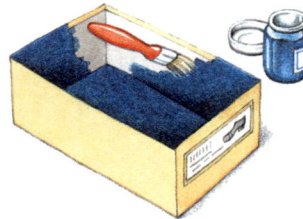  

 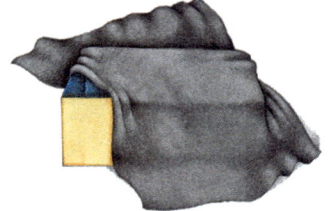 

Eis unter Wärmeeinwirkung beobachten, begründen, warum und wann Schnee/Eis schmilzt (Frühling, Wärme);
einschätzen, ob die getragene Kleidung der Tagestemperatur entspricht, passende Kleidung besprechen;
mit einem Versuch herausfinden, wie helle bzw. dunkle Kleidung bei Dunkelheit im Straßenverkehr wirkt

S. 2, 4, 5, 8

Das tut mir gut

Mit leerem Bauch nie aus dem Haus!

1 Das esse ich gern in der Pause.

Vor dem Essen …

… Pfoten lecken.

Zur Arbeit mit dem Bild: Die Lebensmittel benennen, zuordnen: Welche Lebensmittel sind aus Pflanzen, welche von Tieren?; darüber sprechen, welche Lebensmittel die Kinder essen möchten – diese oder andere; ein Pausenfrühstück malen oder aufschreiben; über ein gesundes Schulfrühstück beraten

S. 2, 6

27

Essen und trinken

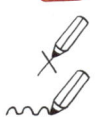 **1** Essen am Morgen: Was ist gesund?

 2 Das mag ich gern: **X**

3 Was ist gesund? Sage, warum.

Male aus.

 S. 2, 6

Die Zusammenstellung der drei angebotenen Beispiele für ein Frühstück besprechen;
beraten, welches Frühstück zu einer gesunden Ernährung beiträgt und merken; selbst ein Frühstück malen;
Nahrungsmittel nach Vorlieben auswählen und ankreuzen, über eine gesunde Ernährung sprechen

4 Findet die Namen der Getränke. Kreuzt an, was gesund ist.

Trink- ... -Tee ... -Schorle

5 Das trinke ich gern:

morgens   mittags   abends

Trinke oft.

6 Das ist gesund. Male und schreibe weiter.

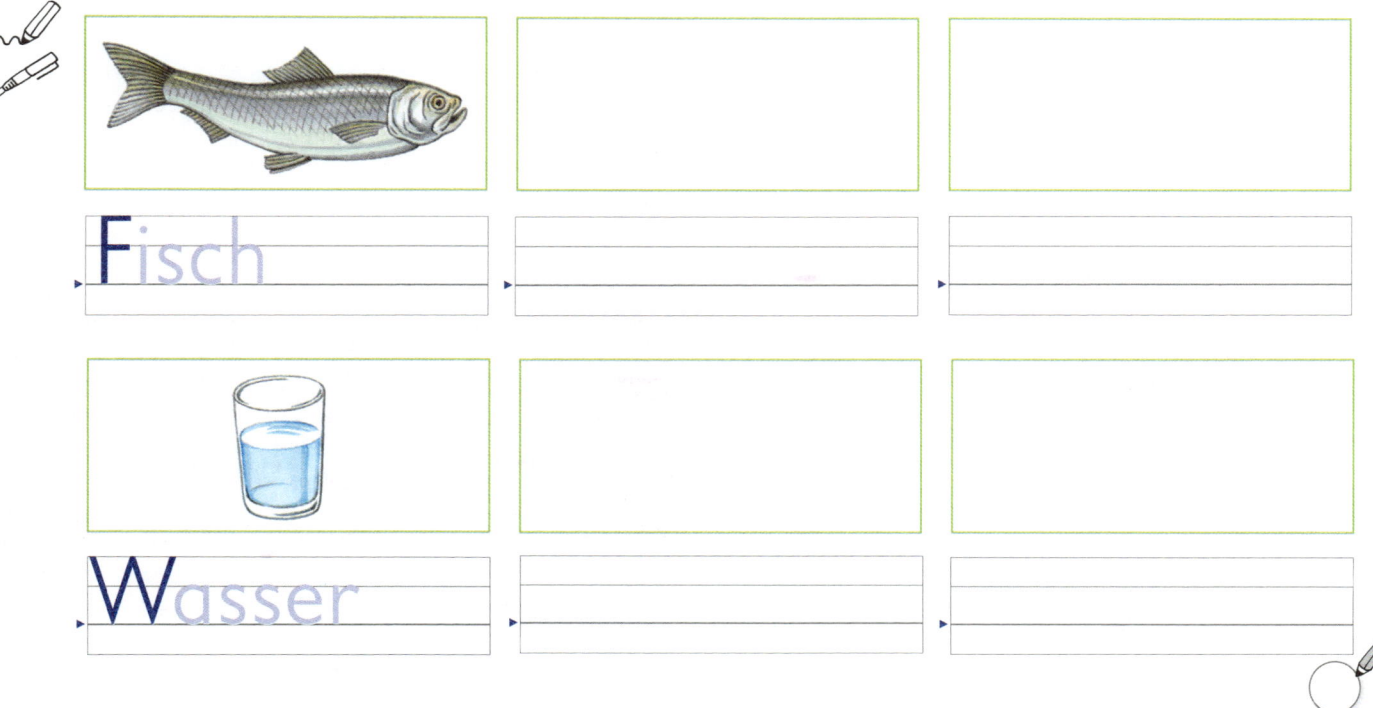

Fisch

Wasser

Die abgebildeten Getränke benennen, ankreuzen, welche Getränke für Kinder gesund sind; den eigenen Getränkeverzehr zu verschiedenen Tageszeiten aufmalen und hinsichtlich der Gesundheitsförderung analysieren, die Bedeutung von Trinkwasser und Menge besprechen; gesunde Lebensmittel malen, Maßnahmen zur Gesunderhaltung erläutern

S. 2, 6, 9

29

Meine Zähne

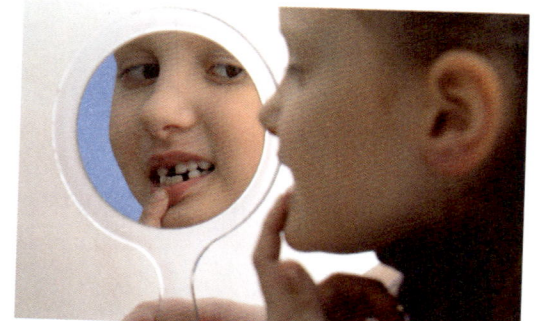

1 Betrachte deine 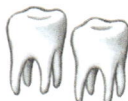 genau.

2 Ertaste alle 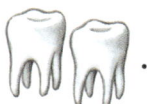.

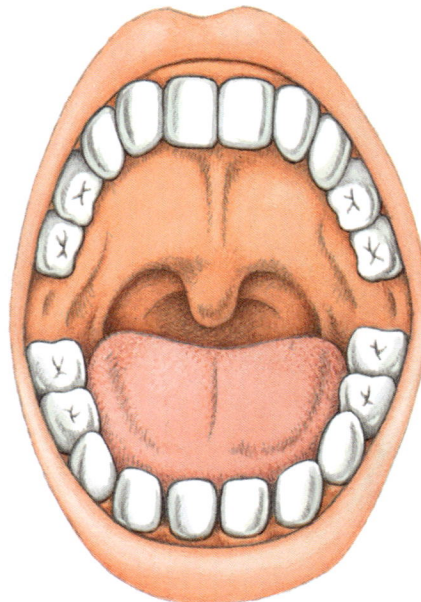

Oben sind ⬚⬚ 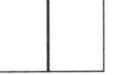 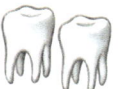 .

Unten sind ⬚⬚  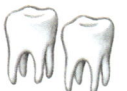 .

Ich habe ⬚⬚  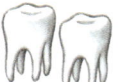 .

Das ist mein

Milchgebiss.

3 Ein fällt aus. Warum?

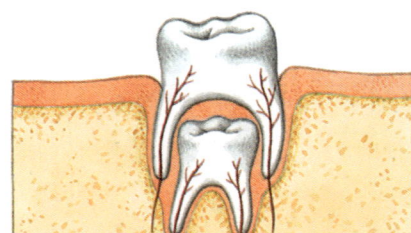 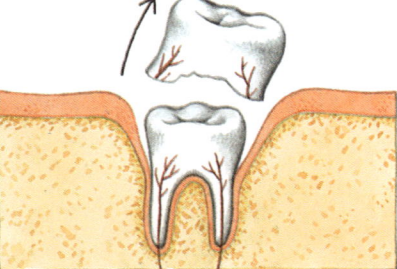 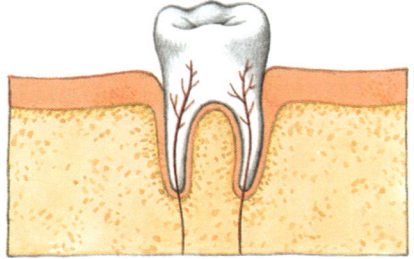

MERKE DIR!

Im Alter von 14 Jahren hast du 3 2 neue 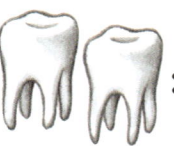 :

⬚⬚ oben und ⬚⬚ unten.

Die eigenen Zähne im Spiegel anschauen und ertasten; ihre Anzahl im Ober- und Unterkiefer zählen und notieren; die Anzahl der eigenen Zähne mit der Anzahl der Zähne auf der Abbildung betrachten und vergleichen; erkennen und einprägen, dass ein Zahnwechsel vom Milchgebiss (20 Zähne) zum bleibenden Gebiss (32 Zähne) stattfindet

S. 6

4  Was brauche ich?

5 Reinige dein Milch**gebiss** so.

Immer von Rot nach Weiß.

MERKE DIR!

Unten

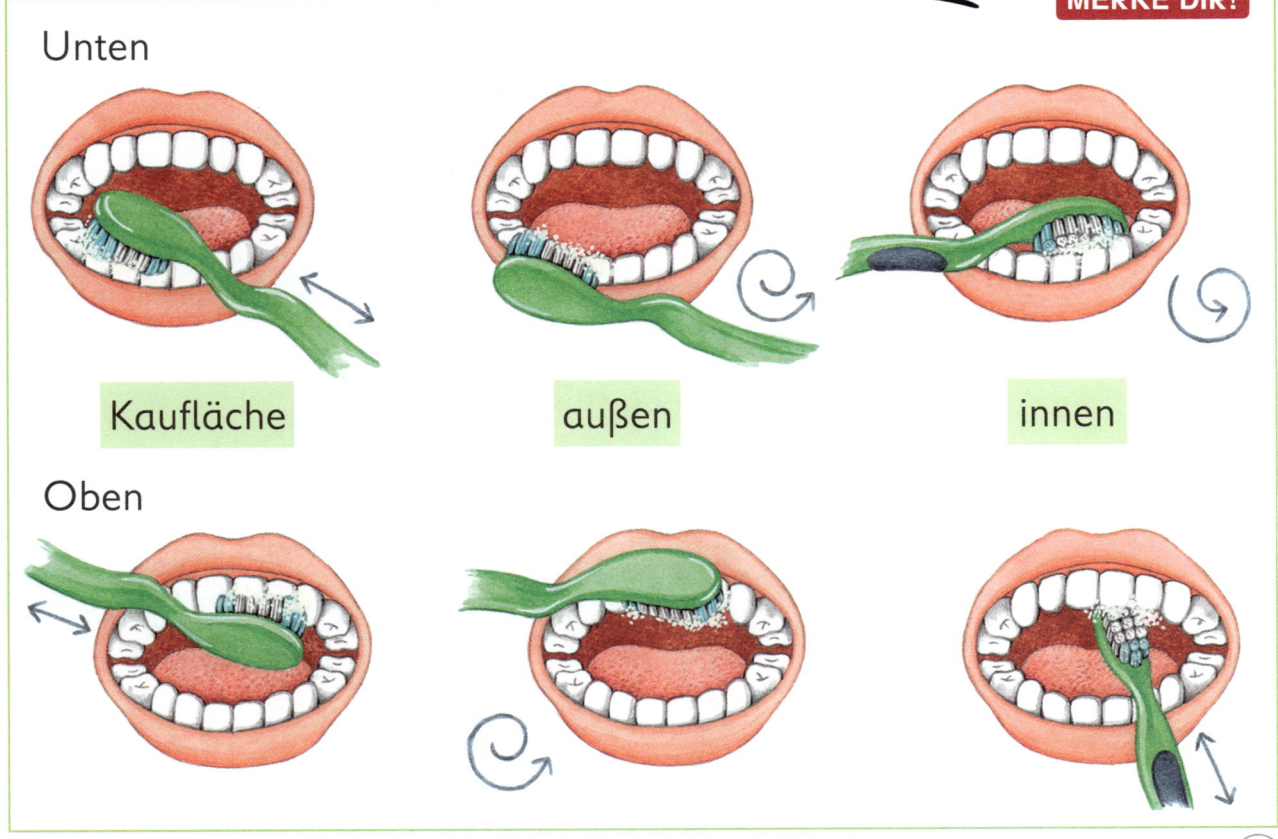

Kaufläche   außen   innen

Oben

Utensilien zur Zahnpflege erkennen, ankreuzen und die Auswahl begründen; besprechen, wozu die anderen
Utensilien gebraucht werden; die Bilder zum Reinigen der Zähne betrachten, besprechen,
möglichst an einem Modell zeigen; Zeitpunkte der Zahnpflege besprechen; den Ablauf der Zahnpflege einüben

S. 10

Bearbeite Seite 2.

Freundeseite

Fit bleiben

1 Male.

Wie hampelt der Mann?

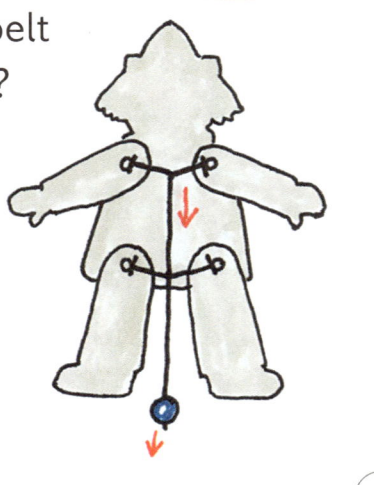

2 Das ist ein Hampel**mann**.

Ich schaffe mehr.

1   2   3

Zeit	1. Tag	2. Tag	3. Tag

3 So bleibe ich fit. Male und erzähle.

Ha, kalt!

Zum Thema malen, erklären, schreiben und die Tipps praktisch umsetzen; richtiges Verhalten für die eigene Gesundheit erkennen: Bewegung (z. B. Hampelmann), Fit bleiben durch Abhärtung, Aufenthalt an frischer Luft, eigene Beispiele finden und Bilder malen: Sport treiben, gesund ernähren, ausreichend trinken, schlafen

S. 2, 10

Im Frühling

Viele Tiere haben Junge. Ein  ist geboren.

 1 Trage ein und lies.

 Die **Ente**  . Bald hat sie  .

Der **Falter**  legt  .

Aus einem Ei wird eine  .

Die _____  hat .

Bache

Zur Arbeit mit dem Bild: Das Aussehen der Tiere und ihren Aufenthaltsort beschreiben: Körperbau, Fellfärbung:
Kitz – getüpfelt zur Tarnung, Verhältnis Muttertier (Ricke) und Jungtier (Kitz): Das Lecken dient dem Säubern, fördert Wohl-
befinden und Verdauung; Ort: Waldrandzone mit ausreichender Deckung; über das Verhalten anderer Tiere reflektieren

S. 6

Früh**blüher**

1 Früh**blüher** blühen früh im Jahr. Nenne Namen und Farben.

1 Krokus   **2** Narzisse oder …   **3** März**becher**

2 Trage unten ein: 1   2   3

3 Male aus.

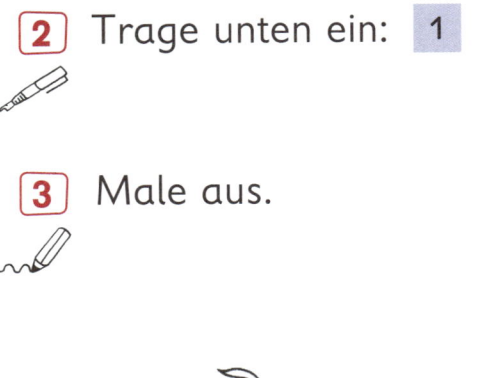

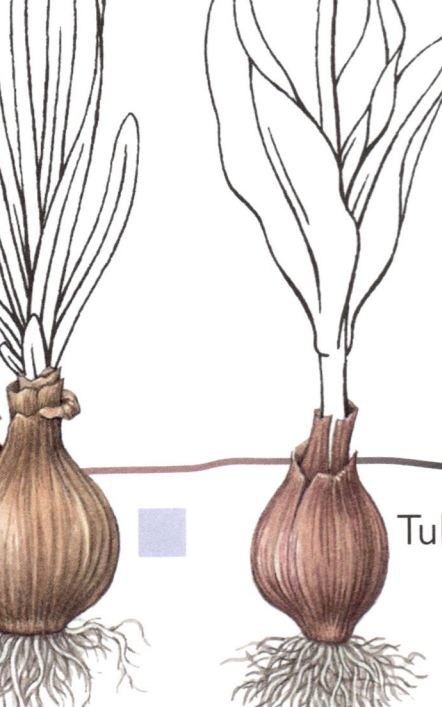

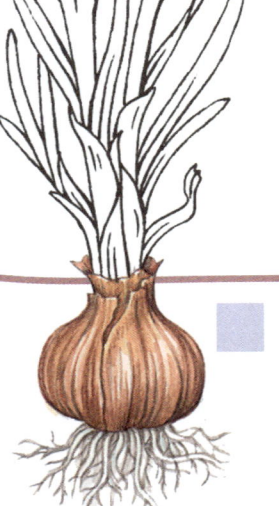

Tulpe

Die Fotos betrachten, die Farben und Blütenformen benennen und unterscheiden (Krokus – kelchförmig, Narzisse – glockenförmig, Märzbecher – becherförmig); den Aufbau der Pflanzen miteinander vergleichen; das Sachwort „Frühblüher" erläutern (blühen früh im Jahr); Frühblüher mit der zugehörigen Zahl beschriften; Frühblüher ausmalen

S. 2, 11, 12

4 Male die Tulpe an.

5 Schreibe nach.

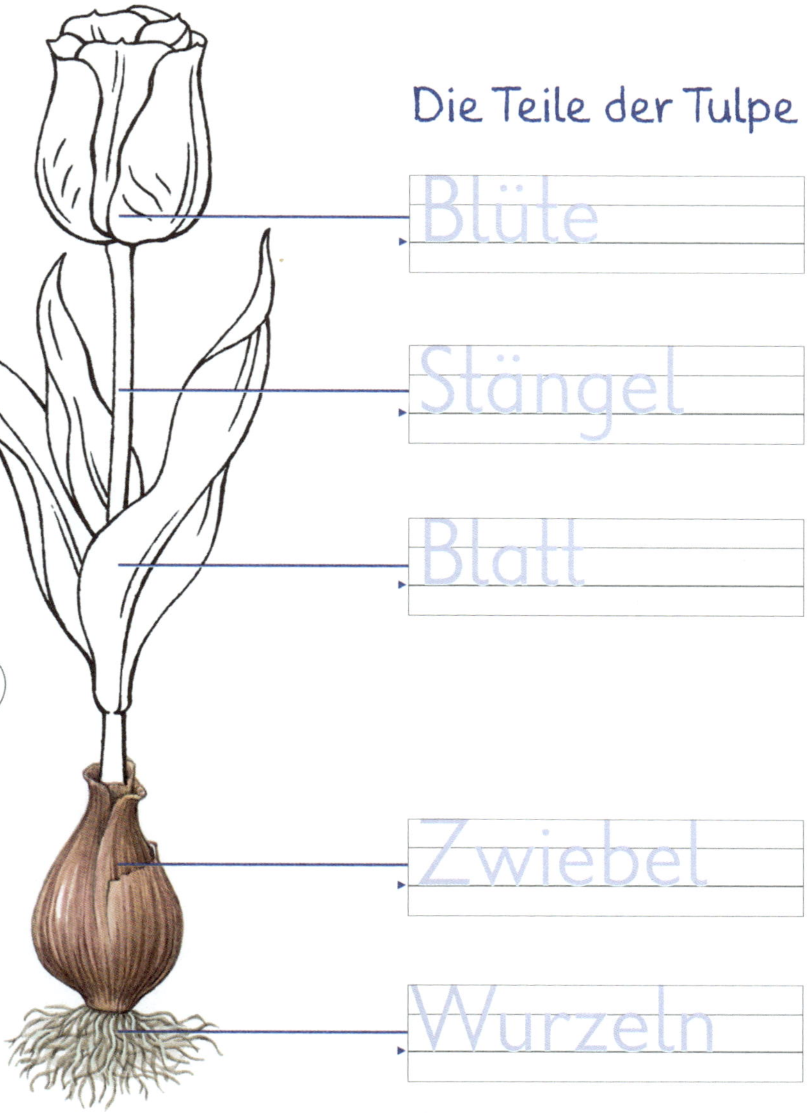

Die Teile der Tulpe

Blüte

Stängel

Blatt

Wo ist die Heimat der Tulpe?

Zwiebel

Wurzeln

6 Tulpen sind F

Die Abbildung betrachten, die Begriffe lesen, nachspuren und verstehen, wie eine Sache beschriftet wird; einen Text über Tulpen schreiben (Beispiel: Tulpen sind Frühblüher. Sie blühen früh im Jahr. Die Teile der Tulpe sind Blüte, Stängel, Blatt, Zwiebel, Wurzel. Meine Tulpe hat eine rote Blüte.); die Heimat der Tulpe herausfinden

S. 2, 11, 12

35

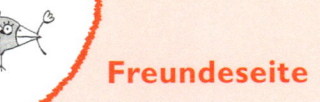

Bearbeite Seite 2.

Ostern

1 Finde alle 10 . Male sie aus.

2 Trage das Datum ein. Erzähle von Ostern.

Sonntag

Jahr 20___

Montag

Ostern

Ostern

3 Sät Ostergras. Beobachtet.

Gefunden! Das Ei ist im …

BLUMEN-ERDE

GRAS

1. Tag ___. Tag ___. Tag ___. Tag

Alle Eier im Bild finden und ausmalen; Osterdaten eintragen, zu Osterbräuchen erzählen (Osterreiten, Osterfeuer, Ostereier verzieren, Osterwasser holen) und diese als kulturelle Ausdrucksformen begreifen; Gras aussäen und Wuchs beobachten (anstatt Grassaat eine Woche vor Ostern auch Weizen oder Gerste aussäen, wächst schnell und dicht)

S. 2, 8

Mit Tieren leben

 Hündin    Welpen    Rüde

 1 Die Hündin  die Welpen.

 2 Welches Futter ist für junge Hunde gut?

Die Hündin **säugt** die Welpen.

Zur Arbeit mit dem Bild: Das Säugen der Welpen beschreiben (das Wort im Satz nachspuren),
die Anzahl der Welpen nennen und ihr Verhalten beschreiben (drängeln sich um die Zitzen der Hündin);
verschiedene Fellfarben der Welpen erkennen; Hundefamilie benennen; gesundes Hundefutter ankreuzen

Daniel und sein Hund Fips

 1 Was braucht Fips?

 Ich trinke am liebsten …

2 Das ist der Körper von Fips.

1 Kopf	**7** Auge
2 Hals	**8** Nase
3 Rumpf	**9** Maul
4 Schwanz	**10** Ohr
5 Bein	
6 Pfote	

Die Bilder betrachten; die Bedürfnisse eines Hundes (Haustier) als Freund des Menschen beschreiben:
u.a. Zuwendung, ausgewogene Ernährung, genügend Wasser, Ruhe, Schlaf, ausreichend Auslauf und Spiel, Pflege,
sanfte Erziehung; den Körperbau eines Hundes betrachten, die Ziffern zuordnen, die Körperteile benennen

S. 6, 11, 12, 13

3 Das muss Fips lernen.

Bild —• Sitz!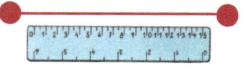

Komm!

Platz!

Bei Fuß!

Sitz!

4 Was muss Daniel über Fips lernen? Vermute.

Ich möchte spielen.

Ich ergebe mich.

Ich habe Angst.

Ich bin aufmerksam.

Das Verhätnis Mensch – Tier anhand der Bilder beschreiben, die Kommandos an den Hund zuordnen (oben: Sitz!, Komm!, unten: Platz!, Bei Fuß!); wichtig: erst Handzeichen geben, dann den Befehl; die Beispiele für die Körpersprache eines Hundes deuten (oben: Ich bin aufmerksam. Ich möchte spielen. unten: Ich habe Angst. Ich ergebe mich.)

S. 6, 8, 13

 Bearbeite Seite 2.

Hunde

1

Kleine Hunde

Seite 63 | Seite 63

Mops | Pudel

Große Hunde

Seite 63 | Seite 63

Dogge | Windhund

2

Hunde helfen. Berichte. Schreibe die Namen.

▸ Rettungshund

▸ Hirtenhund

▸ Polizeihund

▸ Blindenhund

3

Warum ist ein Wolf auf dieser Seite?

▸ Der Hund stammt

▸ vom   ab.

Große und kleine Hunde unterscheiden, Bilder der Hunde richtig zuordnen und aufkleben;
Hunde als Freunde und Helfer des Menschen beschreiben, dazu Begriffe nachspuren
(fachlich korrekt: Blindenführhund); die Herkunft der Hunde besprechen, Satz nachspuren

S. 4, 5, 6, 12

Wir lernen Räume kennen

Auf dem Spielplatz können wir klettern und toben.

1 So soll mein Spielplatz sein:

Darf ich hier spielen?

Ich spiele gern ▸

Zur Arbeit mit dem Bild: Klettergerüst beschreiben: Metallgerüst, Netze, Haltung der Kinder, die Höhe des Gerätes
im Vergleich mit dem flachen Haus und den Bäumen vermuten;
Ideen für einen Spielplatz aufmalen und aufschreiben, was jeder gern selbst auf dem Spielplatz spielt

 S. 2, 6

41

Wie Kinder wohnen

 **1** Lukas lebt mit seiner Familie in einem .

Kinderzimmer   **Wohnzimmer**

B   **K**

 2 Trage die Nummern der Räume ein.

 3 Was kannst du in den Räumen tun?

Räumliche Wahrnehmungsfähigkeit entwickeln; ein Hochhaus als großes Gebäude mit vielen Stockwerken und mehreren Wohnungen besprechen; den Grundriss einer Wohnung erkennen, Räume und deren Funktion benennen und beschriften; die Nummern der Räume den Ausschnitten zuordnen, besprechen, was man in den Räumen tun kann

42

 S. 6, 11

Ich wohne in
einer Hundehütte.

4 Nara wohnt in einer Jurte. Das ist ein großes Zelt.

Es hat nur einen Raum. Die Familie hält Schafe,

Pferde und Kamele. Die Tiere müssen gutes Futter finden.

Deshalb wandert die Familie von Ort zu Ort.

5 So wohnen Lukas und Nara.

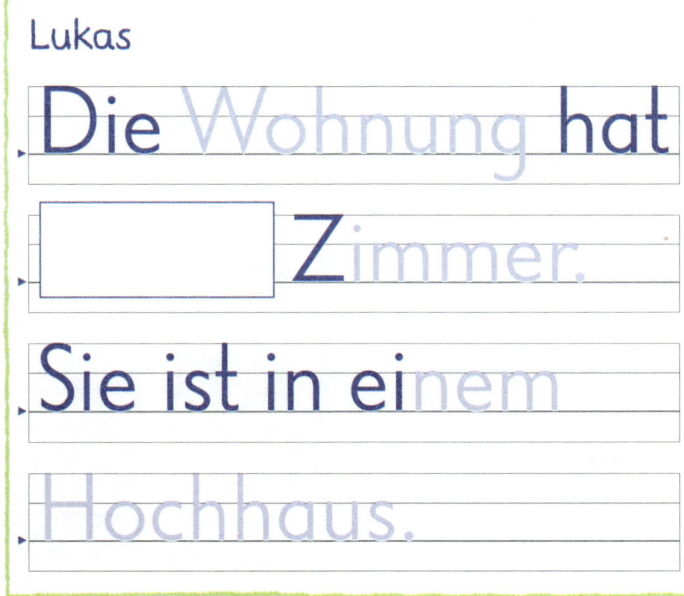

Lukas

Die Wohnung hat

[ ] Zimmer.

Sie ist in einem

Hochhaus.

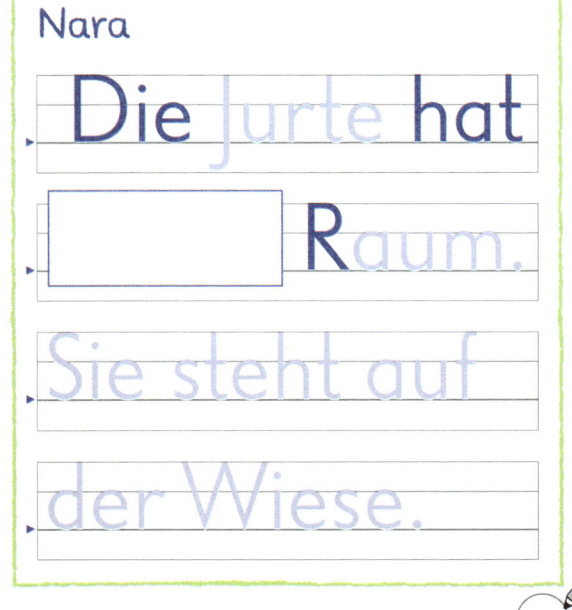

Nara

Die Jurte hat

[ ] Raum.

Sie steht auf

der Wiese.

Den Text lesen, über die Herkunft von Nara sprechen (Mongolei), kulturelle Vielfalt als Normalität begreifen, Achtung und
Respekt vor unterschiedlichen Lebensstilen und Wertorientierungen entwickeln; Unterschiede zwischen Lukas und Naras
Wohnsituation erkennen (Zimmer, Lage), Zimmeranzahl eintragen, Wörter nachspuren

S. 6

43

Unsere Schulwege

Tino

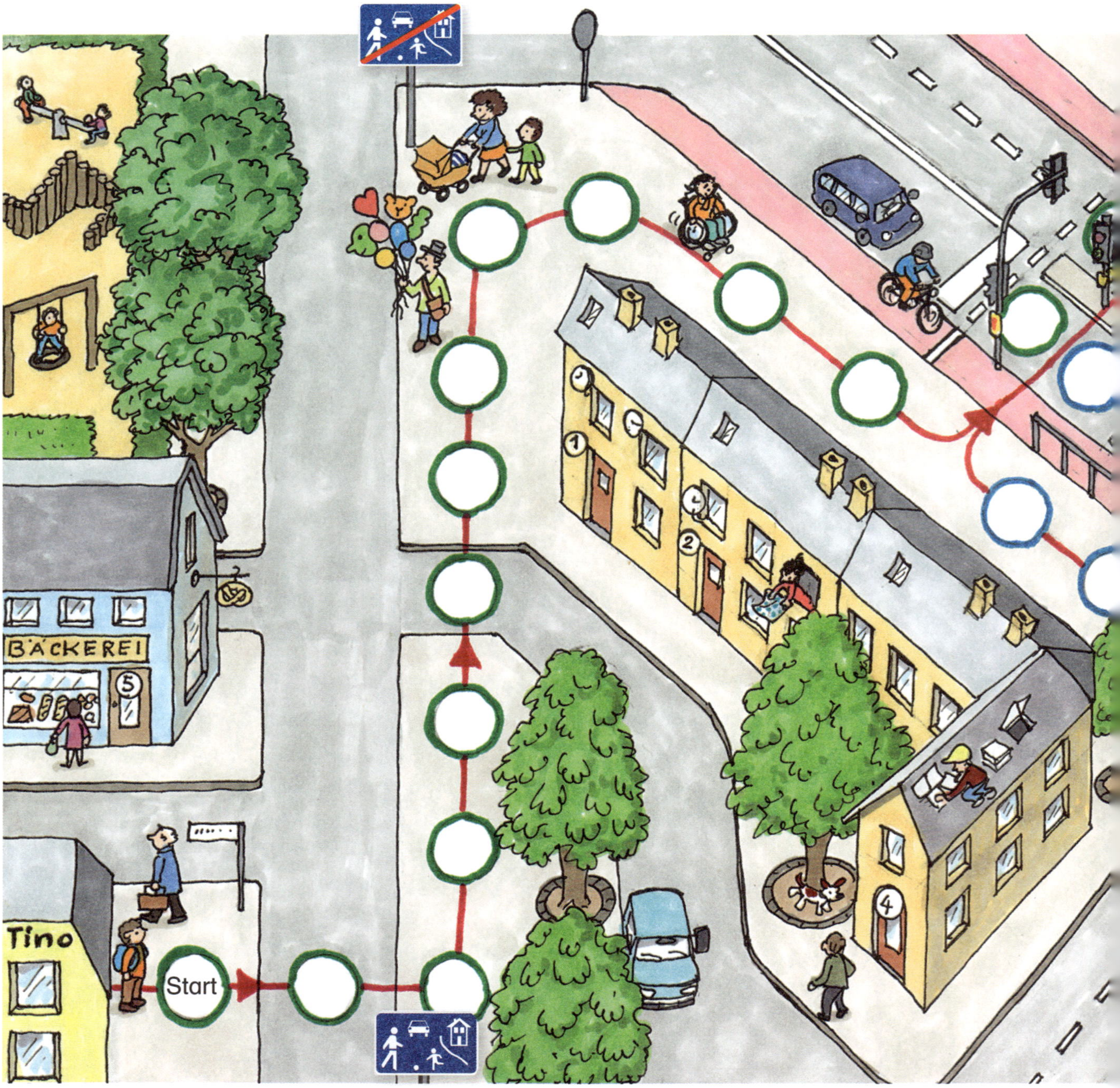

Start

 Bei Rot …

Partnerspiel: Ein Kind geht mit der Spielfigur „Tini" den Schulweg von Tini und zählt jeweils die Kreise bis zum roten Dreieck ▶. Dort hält es an und erklärt, worauf Tini achten muss, indem es die Verkehrszeichen beschreibt. Das Partnerkind geht mit der Spielfigur „Tino" auf gleiche Weise bis zur Schule. Die Partner wechseln die Figuren.

 S. 2, 6, 14

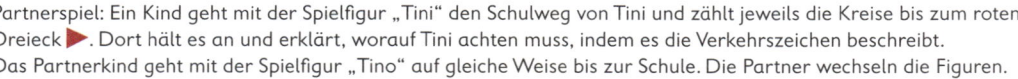

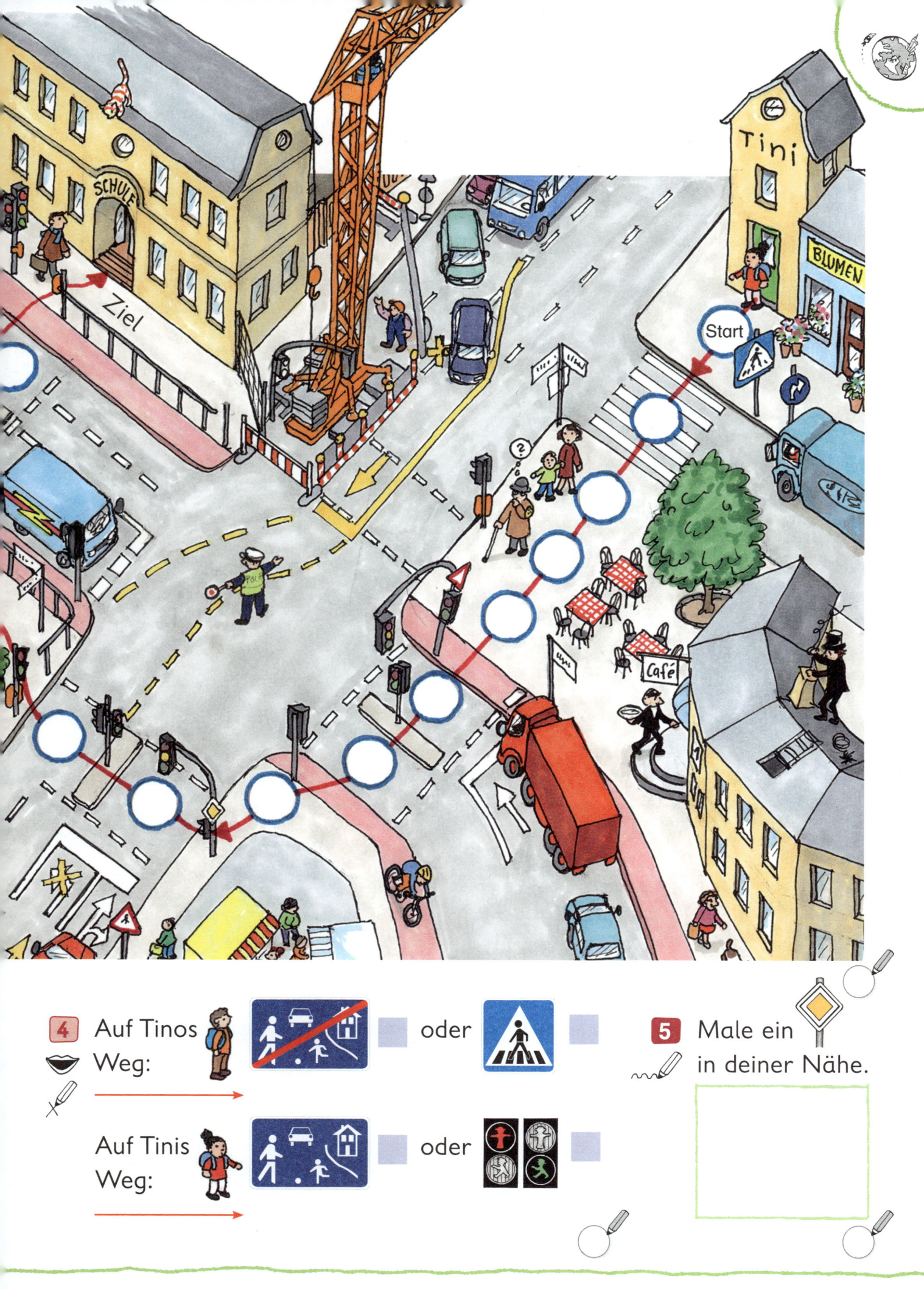

4 Auf Tinos Weg: 🚶 oder 🚸

Auf Tinis Weg: 🏘 oder 🚦

5 Male ein ◆ in deiner Nähe.

Malen und beschreiben: Fußgängerüberweg (Fahrzeuge, außer Schienenfahrzeuge, müssen Fußgänger zügig die Fahrbahn überqueren lassen); Bei Rot bleibe steh'n, bei Grün …, Tino sieht das Verkehrsschild Ende des verkehrsberuhigten Bereichs, Tini die Ampel. Über das Bild sprechen und mit der eigenen Umgebung vergleichen

Mit dem Bus fahren

2 Ist das 🙂 oder ☹? Male.

Das große Bild betrachten, über soziales und sicherheitsorientiertes Verhalten beim Einsteigen in den Bus diskutieren (höflich anstellen und nacheinander einsteigen, kein Eis mitnehmen und andere beschmutzen, im Bus nicht …; Detailbilder betrachten und bewerten, über Verhaltensweisen sprechen

S. 6, 14

3 Beratet und malt: ☺ oder ☹.

Darf ich so mitfahren?

4 Beratet und schreibt Regeln: So verhalten wir uns im Bus.

Wir

Die Einzelbilder anschauen und die Verhaltensweisen beurteilen: 1. Reihe: negativ, negativ;
2. Reihe: positiv, positiv, positiv, 3. Reihe: negativ, negativ, positiv;
Verhaltensregeln im Bus aufschreiben, z. B.: Wir drängeln nicht. Wir setzen uns im Bus hin …

S. 6, 14

Freundeseite

Bearbeite
Seite 2.

Räume

1 Ordne zu. Welcher Raum ist:

1 : | groß | weit | hell |

2 : | klein | eng | warm |

3 : | hoch | hell | still |

Der See

Das Zelt

Die Kirche

2 Mein Klassenraum ist …

3 Wie soll dein Zimmer sein?
Male auf ein Blatt
oder
baue ein Modell.

Die Fotos betrachten, die unterschiedlichen Räume beschreiben (Gesamteindruck und markante Einzelheiten),
die Begriffe erfassen, dem richtigen Raum zuordnen und so die Räume sinnlich erfahren; aufschreiben, welche
Raummerkmale der eigene Klassenraum hat; das eigene Wunschzimmer malen oder ein kleines Modell bauen

S. 2, 6

Zeit und Medien

1 So ist Annas Tag.

Am Morgen  Am Vormittag  Am Mittag

Am Nachmittag  Am Abend  In der Nacht

2 So ist mein Tag.

Zur Arbeit mit dem Bild: die Szene betrachten, Fragen klären: Was machen die Kinder in ihrer Freizeit? Was interessiert sie? Wo lesen sie? Ist ein Buch ein Medium? Wozu brauchen wir Medien?; Zeit vergeht: Annas Tagesablauf beschreiben, mit dem eigenen vergleichen, Zeitbegriffe verwenden; den Tageslauf mit Sonne und Mond in Verbindung bringen

S. 6

49

Woche und Monate

1 Das ist Ninas Plan
für eine Woche.
Erzähle.

3 Schreibe und male
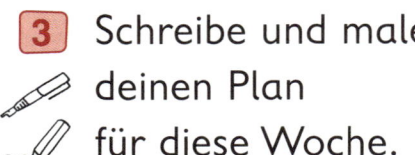 deinen Plan
für diese Woche.

Ninas Plan	
Montag	
Dienstag	
Mittwoch	
Donnerstag	
Freitag	
Samstag	
Sonntag	

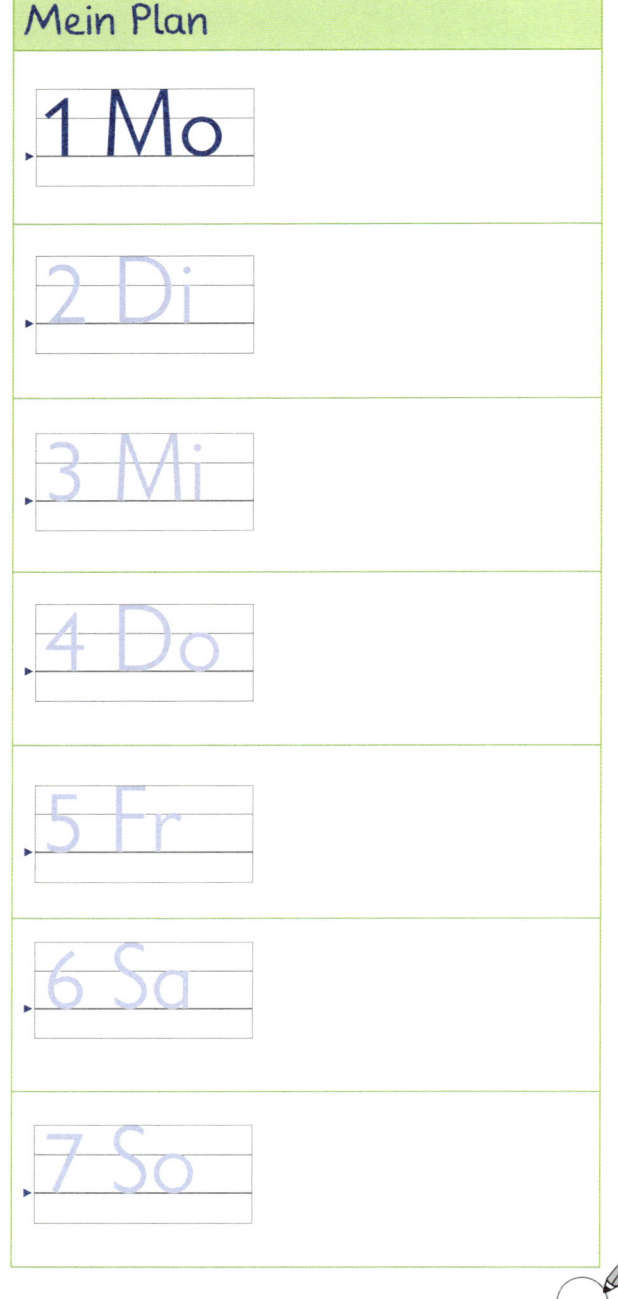

Mein Plan

1 Mo

2 Di

3 Mi

4 Do

5 Fr

6 Sa

7 So

MERKE DIR!

2

Eine Woche hat _____ Tage.

Begriffe der Zeiteinteilung unterscheiden und anwenden; Zeit planen: über die Bilder in Ninas Wochenplan (Freizeit)
sprechen; Wochentage zählen und Merksatz ergänzen; die Namen der Wochentage nennen, die Abkürzungen
nachspuren, einen Terminplan für sich schreiben und/oder malen, Begriffe: heute, gestern, morgen … anwenden

S. 6, 9

4 Male am Ende des Monats:

 Mein schönstes Erlebnis in diesem Monat.

September	Oktober	November
Dezember	Januar	Februar
März	April	Mai
Juni	Juli	August

5 Das Jahr hat _____ Monate.

 Mein liebster Monat ist der ▸ _____ .

Einen Überblick über das Jahr bekommen, die Monatsnamen benennen; von September bis August ein Bild zum schönsten Erlebnis des Monats malen und so Ereignisse zeitlich einordnen, zum Schuljahresende von den schönsten Erlebnissen im Jahr erzählen; die Anzahl der Monate zählen und den Namen des liebsten Monats eintragen

S. 2, 9, 16

51

Die Jahreszeiten in der Natur

Frühling

März — Die Tulpe blüht.

Februar

Januar

Dezember

Seite 63

2 Finde die Tiere 1 – 10 im Bild.

Nummeriere und benenne sie.

1   2   3   4   5   6   7   8   9   10

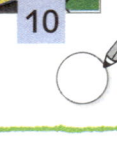

Das Bild betrachten, die jahreszeitlichen Veränderungen beschreiben: Wetter, Pflanzen- und Tierwelt (Veränderungen von Bäumen, Aktivität von Tieren); die Tiere wiederfinden und beziffern; jahreszeitliche Bilder an der Kastanie vervollständigen (Sommer: grünes Blatt, kleine Früchte, Herbst: Blätterfärbung, Winter: Knospen)

S. 4, 5, 6, 11

3 Male, was am Kastanienbaum fehlt.

4 Klebe die Namen der Jahreszeiten ein.

 Schreibe die fehlenden Monate auf.

 Male oder schreibe im Jahreskreis.

Die Namen der Jahreszeiten einkleben, fehlende Monatsnamen eintragen; die übrigen Felder frei gestalten, dabei beobachtete/entdeckte Besonderheiten in der Natur während dieser Monate eintragen oder malen (Blüten, Blätter, Früchte, Tiere, Wetterzeichen), Zeitpunkte, z.B. Daten für den Beginn der Jahreszeiten eintragen

S. 4, 5, 6, 11

Medien

 1 Medien teilen uns etwas mit. Welche Medien kennst du?

1 Fern*seher*	**2** Buch	**3** Zeit*schrift*	**4** Kassette
5 Musik-CD	**6** Video	**7** Spiele*konsole*	**8** DVD
9 Computer	**10** Laptop	**11** Handy	**12** Radio

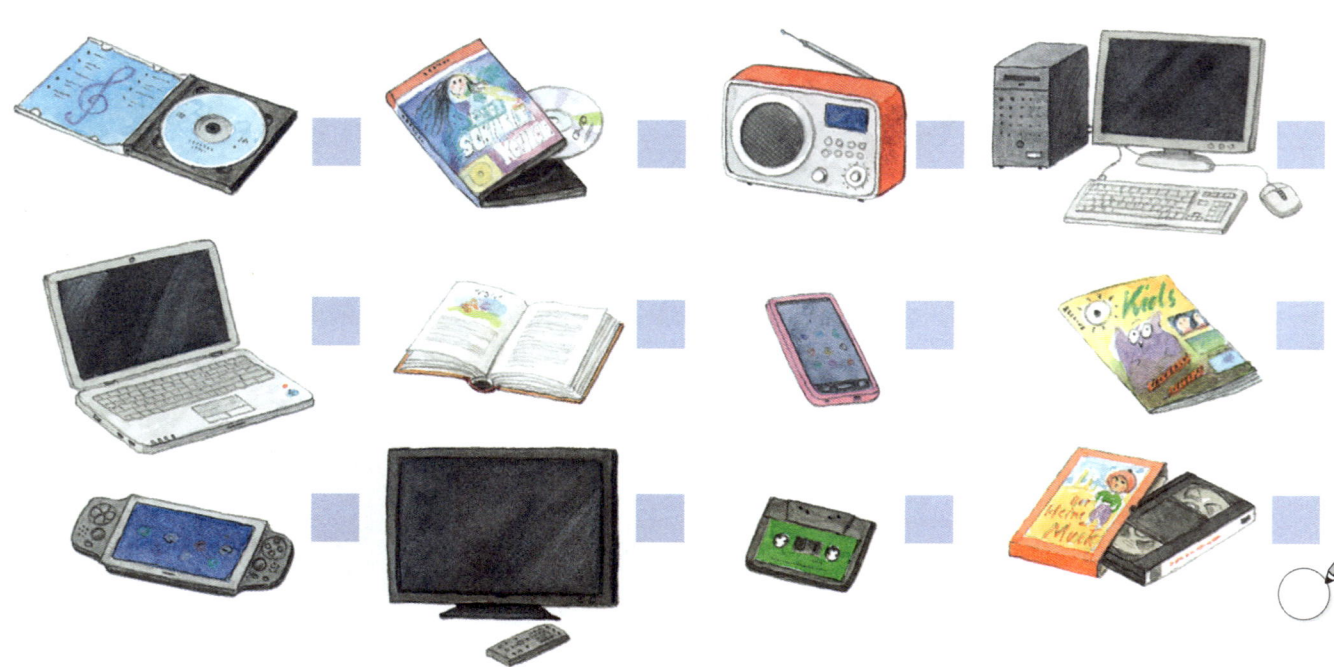

 2 Male.

Mein liebstes Medium

Wie schön!

Tra lala trara

Sich mit Medienerfahrung auseinandersetzen, die Medien erkennen, benennen und mit der passenden Ziffer versehen
(Abkürzung: CD – Compact Disc, DVD – Digital Video Disc); Lieblingsmedium malen und vorstellen;
Inhalt und Darstellungsformen von Medien im Alltag begreifen; maßvolle Fernseh-/Computernutzung besprechen

S. 2, 6, 12

3 Ergänze: Mit meinem liebsten Medium kann ich

▶

▶

▶

4 Auch Bilder sind Medien. Male ein Bild zu dem Satz:

Jede Jahreszeit ist schön.

Notieren, was das liebste Medium kann bzw. was man damit machen kann (z. B. Handy – sich mit Funktionen vertraut machen, aber auch über Kosten und Risiken sprechen); selbst ein Medium herstellen, dazu ein Bild zum Thema malen und erkennen, dass es anderen Informationen vermittelt

Bearbeite
Seite 2.

Zeit und Medien

1 Wie alt sind die Kinder? Verbinde.

| 6 Jahre | 6 Monate | 4 Jahre |

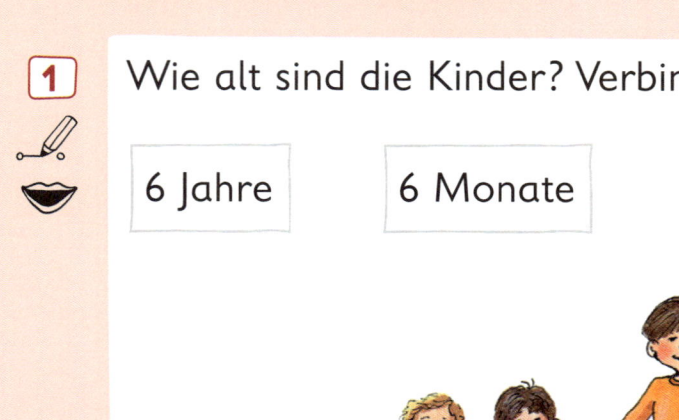

Erzähle dazu:

So haben sich
die Kinder verändert:

- ihre Größe
- wie sie aussehen
- …

2 Betrachtet Fotos von euch. Was teilen sie euch mit?

▸ _____

▸ _____

Erzählt euch Geschichten zu euren Fotos.

3 Wie heißt dein liebstes Sachbuch?

▸ _____

▸ _____

Erzähle: Worüber informiert es? Warum magst du es?

BÄUME

Anhand von Bildern das Alter von Kindern schätzen, Veränderungen in ihrer Entwicklung wahrnehmen (Größe, Aussehen, Kleidung …) und so Zeitabschnitte rekonstruieren, einem Partnerkind ein Foto von sich zeigen, die Mitteilung darin finden, Geschichten austauschen; ein Sachbuch als Medium einschätzen, dazu Aussagen treffen und bewerten

S. 6, 13

Im Sommer

Helle Sonne, Spaß am Str...
Eine Sonnenuhr aus S...

... und die Badehose
stets zur H...

 Baut eine Sonnenuhr.
Die Sonne muss scheinen.

Geht das auch
mit Kreide auf
dem Schulhof?

Malt jede Stunde eine Linie an den Schatten des Stabes.
Schreibt an jede Linie die Uhrzeit: 8, 9, 10 ... bis 16 Uhr.

Zur Arbeit mit dem Bild: Betrachten und erraten, was auf dem Bild zu sehen ist, im Strandsand eine Sonnenuhr
aus Steinen, Holzstückchen, Muscheln und Stöckchen erkennen, vermuten, wie sie funktioniert;
selbst eine einfache Sonnenuhr bauen; entdecken, dass Gegenstände einen Schatten werfen

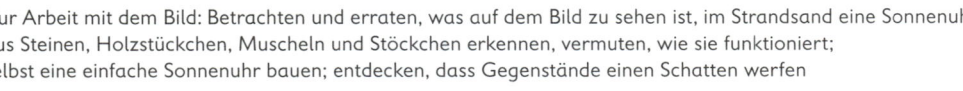

S. 6, 8, 15

Licht und Schatten

1 Spielt in der Sonne. Beobachtet.

Schatten**hampeln**

Schatten**gruß**

Schatten**fangen**

Schatten**jagd**

2 Sonne und Schatten.

Die Sonne steht …

Die Sonne steht …

Der Schatten ist

Der Schatten ist

Bilder der in der Sonne spielenden Kinder ansehen und die Schatten erkennen; selbst Schattenspiele zu verschiedenen
Zeiten auf dem Schulhof ausführen, dabei Schattenlängen messen; erkennen, dass Schatten zu unterschiedlichen
Zeiten unterschiedlich lang sind; mit den Abbildungen vergleichen und Abbildungen beschriften

S. 6, 8

3 Probiere aus. Male das Licht weiter. Male dann den Schatten.

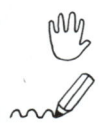

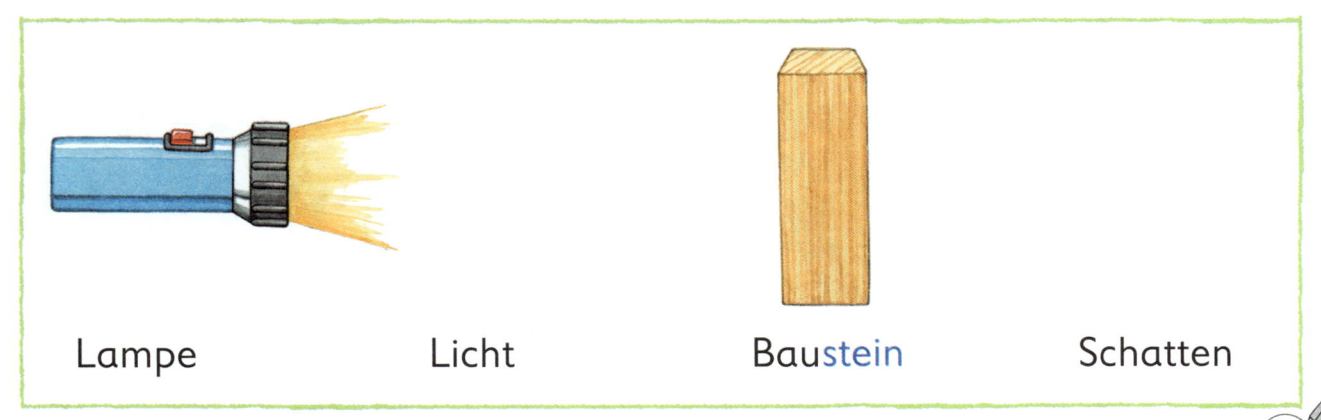

Lampe   Licht   Baustein   Schatten

4 Welche Lampe leuchtet? Male das Licht ein.

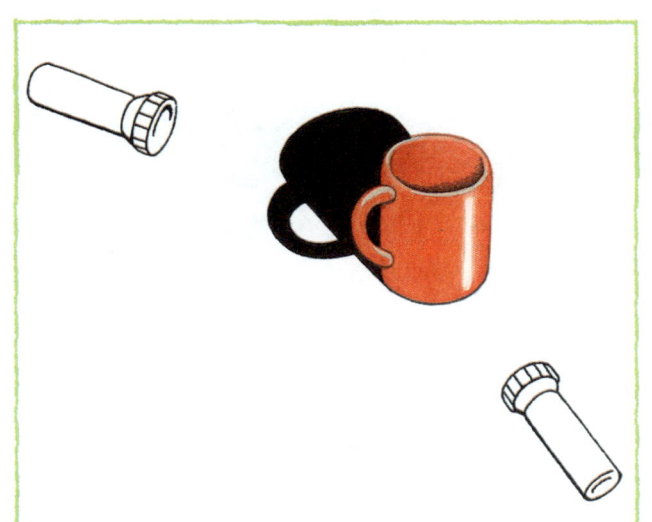

5 Wo scheint Licht hindurch? Probiere und kreuze an.

6 Probiert. Malt die Schatten auf ein Plakat. Berichtet.

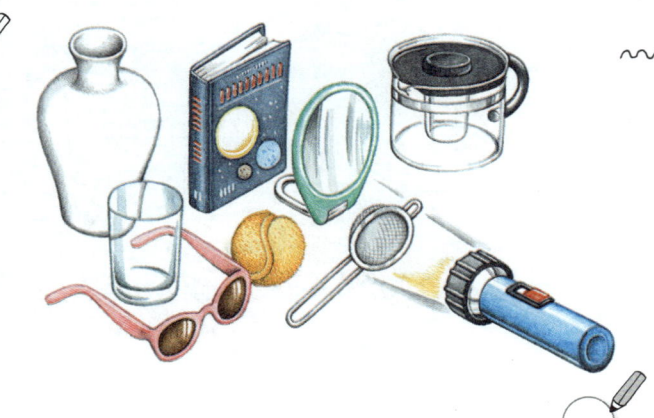

Mit Licht experimentieren; Wirkungen künstlicher Lichtquellen beobachten, erkennen: Schatten ist der dunkle Raum hinter einem beleuchteten, lichtundurchlässigen Körper. Er fällt in die der Lichtquelle abgewandten Richtung; transparente und nichttransparente Körper nutzen und Ergebnisse ankreuzen bzw. auf einem Plakat erfassen

S. 2, 8, 11

59

Bearbeite
Seite 2.

Geräusche

1  Ich höre diese Geräusche:

Komm, ich mache Geräusche.

Und ich rate, was es ist.

2 Testet euch dreimal:
Was macht die Geräusche?
Mein Test:

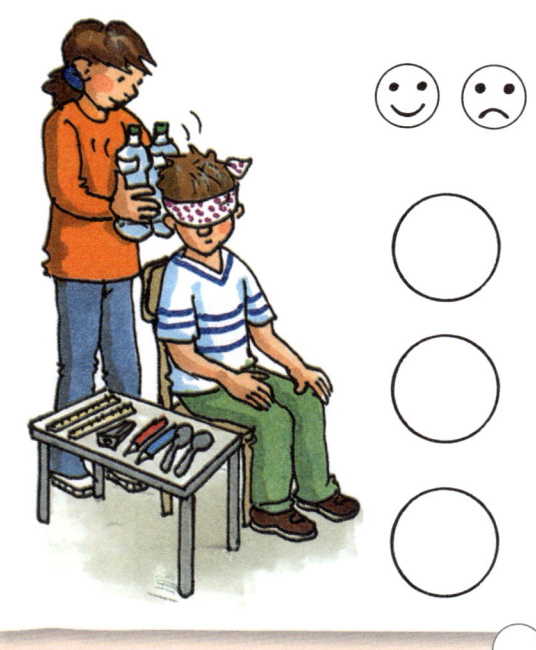

3   Erzählt eine Geschichte mit vielen Geräuschen.

Wir liefen durch den Wald. Plötzlich raschelte es …

Zum Bild erzählen (Was könnte das Mädchen in der Umgebung hören?); im Klassenraum Geräusche erzeugen und mit geschlossenen Augen identifizieren; einige Hörtests mit verschiedenen Gegenständen (Klangqualität unterschiedlicher Materialien) durchführen; sich in der Gruppe eine kurze Geschichte ausdenken und sie mit Hilfe von Geräuschen erzählen

S. 16

Zum Ausschneiden

für Seite 7

für Seite 10

für Seite 13

für Seite 14

Kerne. Stein.

Zum Ausschneiden

für Seite 26

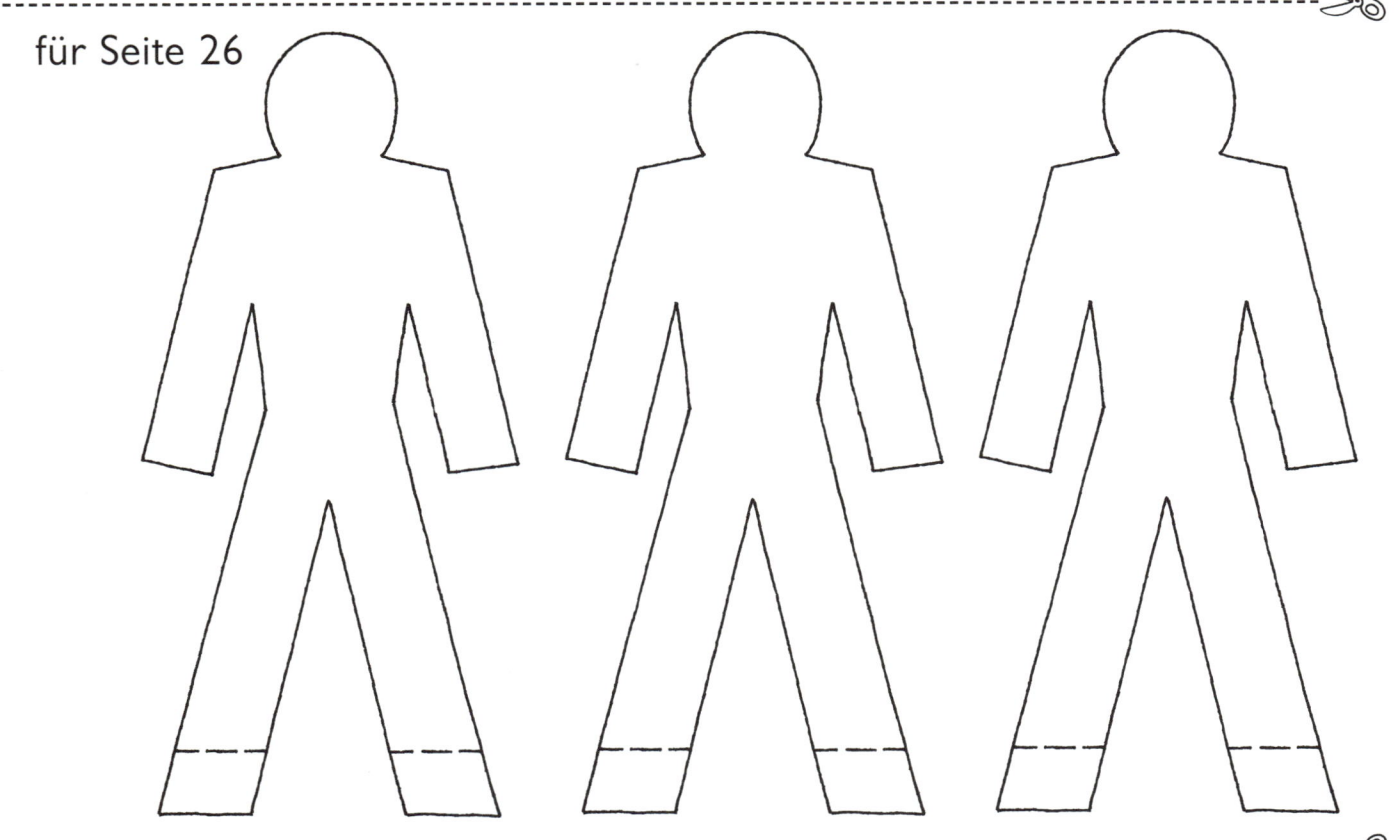

für Seite 40

für Seite 53 Winter Sommer Herbst

Für Lehrkräfte: Übersicht zur Rahmenplanpassung

Themenfelder	Seiten im Arbeitsheft 1
Sich selbst wahrnehmen	14–15, 18–19, 27–32, 60
Zusammen leben	3–7, 10, 15–20, 36, 41–43
Naturphänomene erschließen	11–14, 21–26, 33–35, 37–40, 52–53, 57–60
Räume entdecken	3–10, 21–22, 26, 41–48
Zeit und Geschichte verstehen	11, 21, 24–25, 33–35, 49–53, 56
Medien nutzen	54–56